AF509800

DANSE

DES

MORTS.

EXPLICATION

DE

LA DANSE DES MORTS

DE LA

CHAISE-DIEU,

FRESQUE INÉDITE DU XVe SIÈCLE,

Précédée de quelques détails sur les autres monumens de ce genre,

Par Achille Jubinal

BIBLIOTHÈQUE DE L'ARSENAL

PARIS,

CHALLAMEL et Cie, ÉDITEURS, Rue de l'Abbaye, 4.

—

1844.

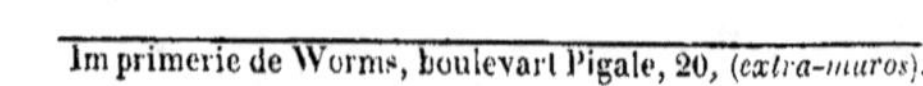
Imprimerie de Worms, boulevart Pigale, 20, (extra-muros).

n (1) a beaucoup écrit en France, depuis quelques années, sur les anciennes peintures à fresque tracées dans les cloîtres ou sur les murailles des églises, et connues sous le nom de *danses des morts*, *danses macabrées*, *danses macabres*. Malheureusement, tout en dissertant beaucoup sur l'origine de ces œuvres singulières, on a négligé de reproduire celles qui étaient restées inédites. Nous ne venons pas, à notre tour, apporter une opinion personnelle sur ce point encore obscur de notre archéologie nationale, ni rechercher si la danse macabre était la même chose, comme semble le dire Dom Carpentier dans son dictionnaire, que la *danse des Macchabées* (*Maccabeorum chorea*), ou si son nom vient de *Macabre*, qui aurait été le *poëte* ou le *peintre* de cette danse, etc. La question, dans son état actuel, nous semble infiniment trop compliquée pour que nos recherches pussent aboutir à autre chose qu'à des conjectures ; nous nous bornerons donc à la description du curieux monument que

(1) Cette lettre aux armes de la maison de Rosières ou Roger Beauffort Canillac à laquelle appartenait Clément VI, qui fonda l'église actuelle de la Chaise-Dieu, en 1343;—le portrait de cet illustre pape; — le dessin des trois personnages empruntés à la danse des morts de la Chaise-Dieu, ainsi que la vue du portail de l'église placée à la fin de notre texte, ont pour auteur M. Victor de Sansonetti, auquel nous devons également les nombreuses illustrations qui ornent notre édition de la *Galerie royale des armes anciennes de Madrid*. (Paris , 2 vol. in-fol , chez Challamel et Cie., éditeurs de la *France littéraire.*)

nous donnons pour la première fois au public, en le faisant précéder seulement de quelques détails généraux qui nous ont paru rigoureusement nécessaires.

Et d'abord, les anciens ont-ils connu les danses des morts, telles du moins que le moyen âge nous les a transmises ? On peut répondre que non. Il y a bien, il est vrai, sur quelques monuments antiques, des représentations de squelettes (1) ; mais l'idée qui préside à ces œuvres du paganisme semble entièrement opposée à celle qui inspira les danses des morts chez les chrétiens modernes. En effet, dans la société païenne, toute composée de sensualisme et de licence, on se gardait bien de représenter la mort comme quelque chose de hideux ; il ne paraît même point que le squelette ait été alors le symbole de l'impitoyable divinité ; mais quand le christianisme eut conquis le monde, quand une éternité malheureuse dut être la punition des fautes commises ici-bas, la mort, qui avait semblé si indifférente aux anciens, devint une chose dont les conséquences furent si terribles pour le chrétien qu'il fallut les lui rappeler à chaque instant en frappant ses yeux par des images funèbres.

Plus tard, au moyen âge, quand de grandes calamités publiques vinrent fondre sur les nations, le sentiment de la mort s'exalta. On ne se borna pas à représenter la terrible déesse seule et pour chacun : on la peignit, on la sculpta pour tous et avec tout son cortége ; c'est-à-dire qu'on la montra s'attaquant successivement au roi, au pape, à l'empereur, emportant dans sa ronde fantastique aussi bien le joyeux ménétrier que le moine saintement enfermé dans sa cellule. Telle est du moins l'origine qu'on assigne généralement aux *danses des morts*.

Toutefois, il y eut avant cette époque quelques compositions littéraires qui purent diriger les esprits vers la réalisation matérielle de la danse macabre. Ainsi, par exemple, il nous est parvenu de Gautier de Mapes, trouvère du 12ᵉ siècle, une pièce de vers latins qui ressemble assez aux légendes des danses des morts, et qui est intitulée : *Lamentatio et deploratio pro morte et concilium de vivente Deo*. Dans cette pièce un grand nombre de personnages se plaignent successivement d'être soumis à la mort et de ne pouvoir échapper à son empire ; mais est-ce à dire pour cela, comme l'a écrit un auteur anglais, M. Francis Douce, qu'il faille croire que *des peintures de la danse macabre étaient contemporaines de Gautier de Mapes ?* Je ne le pense pas, d'abord parce qu'il ne nous en est parvenu aucun fragment, ensuite parce qu'il faut qu'une idée grandisse avant d'arriver à son développement. Or, ici l'idée dont nous parlons venait à peine de naître. Je dirai la même chose pour le fabliau des *trois morts et des trois vifs*, qui appartient au siècle suivant. En y voyant, si nous voulons, le germe de la danse des morts, il faut bien convenir qu'il y a loin de là encore à la sculpture et à la peinture, et que nulle part, dans les monuments de cette époque, on ne rencontre, tracé par la main des *ymaigiers* en miniature, un de ces bals d'outre-tombe que le 15ᵉ siècle étala fréquemment, avec tant de luxe et de grandeur, autour des cloîtres et des églises (2).

(1) Voy. Millin (*Magasin encyclopédique* de janvier 1813), analyse d'un mémoire du chanoine André de Jorio sur l'explication des squelettes de Cumes.

(2) C'est une histoire assez curieuse que celle des *Trois morts et des trois vifs*. Il y en a plusieurs leçons. Le manuscrit coté nᵒ 2736, fonds La Vallière (bibliothèque Royale), en contient trois à lui seul. Voici quelques vers de

Je n'appliquerai pas le même raisonnement à une pièce de vers qui se trouve dans la collection des poëtes espagnols antérieurs à l'année 1400, publiée par Sanchez. Cette pièce a en effet pour auteur un juif qui vivait vers 1360, époque à laquelle il pouvait exister déjà des danses des morts, aujourd'hui détruites, en France, en Allemagne, et même en Espagne. Je dis même en Espagne, parce que, bien qu'on ne rencontre aucun monument de ce genre dans la Péninsule, il est difficile de croire que, dans un pays aussi sévèrement religieux, où la peinture s'est toujours complue en des sujets terribles, il n'ait pas existé de danses des morts. M. Douce dit d'ailleurs avoir connu une personne qui avait retrouvé sur une muraille de la cathédrale de Burgos quelques fragments de squelettes, malheureusement défigurés par une couche de badigeon. Quoi qu'il en soit, la première grande peinture publique qu'on connaisse de la *danse des morts* est celle de Minden en Westphalie. Elle date de 1383, et, soit qu'on la fasse remonter au souvenir de la peste noire, qui, de 1346 à 1348 fit périr, tant en Europe qu'en Asie, la cinquième partie de l'espèce humaine (1), soit qu'on rapporte seulement son origine à l'épidémie de 1373, qui faisait en quelque sorte *danser les malades*, en leur donnant une grande agitation, toujours est-il que ce fut à dater de cette époque qu'en Italie, en France, mais surtout en Allemagne et en Suisse, on vit se dérouler autour des cimetières ces bandes de cadavres osseux entraînant après eux l'humanité. Dans la plupart de ces singuliers monuments la mort tient souvent en main un violon, une flûte, un haut-bois, et elle appelle tous les vivants à son bal avec un rire moqueur.

La plus ancienne danse des morts connue, après la fresque de Minden, fut celle qui exista jadis au charnier des Innocents, à Paris, et qui datait de 1424. Diverses opinions se sont produites à propos de cette danse. Quelques écrivains ont pensé (MM. de Barante et Dulaure) qu'elle avait pu être une représentation théàtrale en action, et non une peinture; M. de Villeneuve-Bargemont, dans son histoire de *René d'Anjou*, en a fait une procession; M. Paul Lacroix, dans son curieux roman historique intitulé la *Danse macabre*, l'a transformée en un lugubre spectacle exécuté à l'aide de quelques squelettes par un certain *Macabre*, etc; mais ce sont là, à coup sûr, autant d'inexactitudes. La danse des morts du

chacune d'elles. La première, qui n'a pas de nom d'auteur, commence ainsi :

> Diex por trois pécceurs retraire
> Monstra un signe dont retraire
> Vous voet le voir sans mescouter, etc.

La seconde, qui est intitulée : *chi commenche li iij mors et li iij vis ke maistre Nicholes de Marginal fist*, s'ouvre par ces vers :

> Trois damoisel furent jadis,
> Mais qui partout querroit jà dis
> N'en trouveroit à eux parcus, etc.

La troisième a pour titre : *Ce sont li iij mors et li iij vis ke Bauduins de Condé fist*. Elle commence de cette façon :

> Ensi com li matére conte,
> Il furent si com duc et conte
> Troi noble homme de grant arroi, etc.

Le manuscrit 198 Notre-Dame (bib. Roy.) contient le dit des *trois mors et des trois vifs*, plus un dit des *trois mortes et des trois vives*. Ces diverses pièces furent fréquemment imprimées aux quinzième et seizième siècles. On grava les *trois mors et les trois vifs* sur les marges des livres d'heures, imprimés et manuscrits. Mais ce qui a rendu surtout cette moralité célèbre, c'est qu'elle fut peinte par Orgagna, dans le Campo-santo de Pise. Elle le fut aussi sur le portail de l'église des Innocents, à Paris, en 1408. par ordre du duc de Berry, et il en est question dans toutes les éditions imprimées de la danse des morts.

(1) L'Italie surtout et les bords du Rhin furent cruellement décimés par ce fléau. Strasbourg seul perdit 16,000 personnes; et un témoin oculaire, Boccace, a laissé de ses ravages à Florence une terrible description. (Voy. le commencement du *Decameron*.)

charnier des Innocents était tout simplement, non pas une sculpture, comme on l'a écrit encore par erreur, mais bien une peinture que l'on mit six mois à achever. On lit en effet, dans le *Journal de Paris*, *sous Charles VI et sous Charles VII* : « L'an 1424, fut faite la danse *maratre* (1) aux Innocens, et fut commencée environ le moys d'aoust, et achevée au karesme suivant. » Plus loin on lit également : « En l'an 1429, le cordelier Richart, preschant aux Innocens, estoit monté sur un hault eschaffault qui estoit près de toise et demie de hault, le dos tourné vers les charniers encontre la charonnerie, à l'endroit de la danse macabre. » Ces textes tranchent, selon nous, la question d'une manière certaine. Une représentation scénique n'aurait pas duré six mois, et une sculpture contenant autant de personnages qu'en offrait la danse des Innocents aurait demandé beaucoup plus de temps pour être menée à fin.

Selon M. Peignot, la troisième danse des morts serait celle qui fut exécutée à Dijon, en 1436, sur les murs du cloître de la Sainte-Chapelle, par un certain Masoncelle ; « mais, ajoute le savant bibliographe, elle ne subsiste plus depuis très-longtemps, et le souvenir en était entièrement effacé lorsque dernièrement un amateur de recherches sur l'histoire, les mœurs et usages du moyen âge, M. Boudot, a découvert ce renseignement dans les archives du département. (2) »

(1) On trouvera de curieuses recherches sur ce mot dans un travail encore inédit, de M. Leber, sur les danses des morts. Ce savant antiquaire m'a communiqué également un passage que je ne connaissais pas de Noël du Fail (contes d'Eutrapel), où cet écrivain parle de la danse des morts du charnier des Innocents, *comme ayant été une peinture*; mais une autre conjecture récente et ingénieuse, bien qu'elle ne soit pas fondée, selon nous, est celle que M. Francis Douce a énoncée dans son ouvrage sur la *danse macabre*. Après avoir combattu l'opinion qui fait du mot *macabre* le nom d'un poëte français ou allemand (il aurait dû ajouter aussi celui d'un peintre), l'érudit anglais démontre fort bien la fausseté de quelques-unes des autres étymologies d'où l'on fait venir cette expression. Parlant ensuite de la peinture dans laquelle, au Campo-Santo de Pise, Orgagna a représenté les *trois morts et les trois vifs*, il remarque que les trois vivants arrivent, (voyez Vasari dans sa vie d'Orgagna,—Baldinucci dans son examen sur Orgagna, — Morona, dans sa *Pise illustrée*) à la cellule de saint Macarius, anachorète égyptien, qui leur donne, en leur montrant les trois morts, une leçon morale. Rapprochant ensuite cette circonstance de ce que l'histoire des trois morts et des trois vifs était rappelée dans la danse des morts des Innocents, à Paris ; de ce qu'elle avait été peinte sur le portail de l'église du même nom, en 1408 ; de ce qu'enfin toutes les éditions imprimées de la danse macabre contiennent cette légende, M. Douce s'exprime à peu près ainsi : « D'après ce qui précède, il y a donc toute raison de croire que ce nom de *Macabre* si fréquemment et sans autorité appliqué à un poëte allemand inconnu, se rapporte en réalité au saint, et que son nom a subi une faible et évidente altération. Le mot *Macabre* est fondé seulement sur des autorités françaises, et le nom du saint qui, dans l'orthographe moderne de cette langue est *Macaire*, aurait été. dans beaucoup d'anciens manuscrits, écrit *Marabre* au lieu de *Macaure*, la lettre *b* étant substituée à la lettre *u* par le caprice, l'ignorance ou l'inattention des copistes, etc. » Tout attrayante que soit cette supposition, nous ne pouvons l'adopter. La vie de saint Macarius, hermite égyptien, rapportée par les Bollandistes avec toutes les légendes qui y ont trait, ne contient pas l'histoire des trois jeunes gens, et il est vraisemblable que saint Macaire a été placé dans la peinture d'Orgagna comme le fut plus tard le docteur ou coryphée dans nos premières pièces de théâtre, et même dans la danse des morts de la Chaise-Dieu, pour faire la leçon et tirer la moralité. S'il y eût été à titre d'origine, nous le saurions. D'ailleurs dans aucune des représentations du fabliau des *Trois morts* (et elles sont nombreuses), qui se trouvent sur les livres d'heures, non plus que dans le texte d'aucun des manuscrits qui rapportent ce fabliau, saint Macaire n'est nommé. C'est donc à tort, je crois, que M. Douce a établi son rapprochement. J'aimerais autant ajouter foi à l'origine que Chorier donne à nos danses, en disant, dans ses recherches sur les antiquités de Vienne en Dauphiné, 1659, p. 13, qu'un bourgeois, appelé *Marc Apvril*, fit présent au chapitre de Saint-Maurice d'une pièce de terre et des moulins dits de *Macabray*, et que de là est venu le nom de *danse macabre*, par corruption. Cette étymologie ne serait pas plus singulière que l'autre.

(2) M. Peignot nous apprend aussi que dans l'église Notre-Dame de Dijon il existait, avant la révolution, une danse des morts brodée et découpée en blanc sur une pièce d'étoffe noire qui avait à peu près deux pieds de haut sur une très grande longueur. Les personnages avaient 18 à 20 pouces de hauteur. Elle a disparu avec le mobilier de l'église.

La quatrième danse des morts, et la plus célèbre de toutes parce qu'on l'a, à tort, attribuée à Holbein, est celle qui fut peinte à Bâle, dans le cimetière des Dominicains, « en mémoire perpétuelle de la mortalité ou de la peste qui y régnoit en 1439, pendant le grand concile, et qui emporta beaucoup de monde, entre lesquels il y avoit plusieurs personnes de qualité, et même des cardinaux et des prélats. » (1)

Or cette danse des morts ne peut point être de Holbein, car elle fut peinte en 1441, et Holbein ne naquit qu'en 1498 (2). On la fit retoucher, en 1568, par un certain Hugues Klauber, qui se peignit lui-même au haut avec sa femme et ses enfants. Elle fut détruite en 1805, en même temps que le cimetière des Dominicains, sur les murs duquel elle existait; seulement, différentes personnes en sauvèrent des fragments dont quelques-uns sont aujourd'hui à la bibliothèque de Bâle, où ils me furent montrés en 1837 par M. Gerlach, conservateur de cet établissement, ainsi que deux poignards dont les fourreaux, richement ciselés, représentent, l'un une danse des morts attribuée (quant au dessin) à Holbein, l'autre un sujet plus joyeux.(3)

Ce qui a pu donner lieu à l'erreur si généralement répandue qu'Holbein était l'auteur de la danse des morts de Bâle, c'est que ce célèbre peintre a laissé en dessins de portefeuille, qui font aujourd'hui partie du cabinet de l'empereur de Russie, une danse des morts, gravée depuis, mais qu'il ne faut pas confondre, comme on le fait trop souvent, avec celle du cimetière de Bâle, que publia Mérian (4).

Parmi les autres monuments de ce genre dont le souvenir est resté, il faut ranger la danse des morts de Lubeck, exécutée, à ce qu'on croit, en 1463, sous le porche de l'église Sainte-Marie (5)(*Voy. Fabricius*, V^e vol. p. 2);

Celle du château de Dresde, exécutée en 1534 (6);

(1) Préface de l'édit. de la *Danse des morts* de Bâle gravée par Mérian, Francfort, 1649, in-4o. Notre citation française est tirée de l'édit. de Bâle, Im-Hoff, 1744, in-4o.

(2) Il y eut encore à Bâle, dans ce qu'on appelait le Petit-Bâle, sur le côté du Rhin opposé au Grand-Bâle, un couvent de religieuses appelé Khingenthal, bâti vers la fin du XIIIe siècle. Dans une galerie qui en dépendait on voyait les restes d'une danse des morts peinte sur les murs, et qu'on dit avoir été exécutée avec beaucoup moins d'art que celle du cimetière de Dominicains. On y lisait la date de 1312. En 1766, Emmanuel Buchel, boulanger de profession, mais admirateur enthousiaste des beaux-arts, fit une copie à la détrempe de tout ce qui restait de cette peinture; elle est encore conservée dans la bibliothèque publique de Bâle.

(3) Voyez mon rapport au ministre de l'instruction publique sur les bibliothèques suisses, Paris, 1838, in-8o. L'un de ces poignards, celui qui représente la danse des morts, est gravé en tête de l'ouvrage de M. Francis Douce.

(4) Le gravures de Mérian ont eu plusieurs éditions, et lui-même, après avoir vendu, vers 1618 son premier travail, qui fut probablement publié par les acheteurs (ce qui aurait produit l'édition de 1621 aujourd'hui introuvable), racheta plus tard ces planches vers 1646 ou 47, les fit réduire et graver de nouveau, et en publia en 1649, d'après ces nouvelles gravures, une première édition à Francfort. Quant aux dessins de Holbein, gravés par Jean Lutzelburger, ils furent publiés à Bâle en 1530; il y en eut plusieurs éditions successives. Ils furent également gravés par Hollar, par Méchel, par les frères Meyer.

(5) Selon quelques écrivains, cette danse aurait été au contraire dans la chapelle des orgues. Le docteur Nugent en a donné une description dans laquelle il dit que les figures de la danse avaient été retouchées en 1588, en 1642 et en 1701. Les vers qui l'accompagnaient étaient en bas allemand, mais à la dernière réparation on jugea convenable de les remplacer par des vers allemands dûs à Nathaniel Schlot de Dantzick. Cette danse est fort célèbre en Allemagne.

(6) Cette danse fut décrite par Paul Christian Hilscher dans un ouvrage général publié sur ce sujet à Dresde, en 1705 (8 vol.), et plus tard à Bautzen, en 1721 (8 vol.). Elle n'était pas peinte, mais sculptée en pierre sur la façade du château du duc George. Elle contenait 27 personnages. Elle est gravée dans la chronique de Dresde, d'Anthony Wecker (Dresde 1680, in-fol.), et elle fut transportée, en 1721, au cimetière du vieux Dresde.

Celle d'Anneberg (haute-Saxe), peinte en 1525 (*Voy. Fabricius*) ;

Celle de Leipsick ;

Celle de Berne, peinte par Nicolas Manuel vers 1515, dans le couvent des Dominicains, et dont il existe plusieurs éditions ;

Celle du couvent des Augustins d'Erfurt (1);

Celle du Pont-des-Moulins à Lucerne, peinte par Méglinger (il y en a plusieurs éditions) (2);

Celle qui se trouvait dans l'église des Jésuites de la même ville, et non dans le cimetière de l'église paroissiale (3);

Celle de la cathédrale d'Amiens (4);

Celle de St-Maclou de Rouen, qui était sculptée ; enfin celle du Temple-Neuf, à Strasbourg, retrouvée en 1824 sous une couche de badigeon, et dont les personnages sont de grandeur naturelle.

Telle est la nomenclature des danses des morts donnée par M. Peignot dans ses recherches ; mais il en existe, et surtout il en a existé un bien plus grand nombre, tant en France que dans les autres contrées européennes. C'est ainsi, par exemple, qu'on pourrait citer pour l'Angleterre celle qui, selon M. Francis Douce (5), exista jadis dans la vieille

(1) Ceci est la version de M. Peignot qui dit que cette danse était peinte sur les panneaux, entre les fenêtres de la cellule qu'habita Luther; mais M. Douce fait observer avec raison que Nicolaï Karamsin, qui en a donné une description, la place sur l'aile latérale de la maison des orphelins.

(2) Voici, à propos de la danse du Pont-des-Moulins, à Lucerne, un rapprochement curieux fait par un de nos critiques les plus distingués, M. Saint-Marc Girardin, dans le *Journal des Débats* du 13 février 1835 : « Je connais deux danses des morts, l'une à Dresde, dans le cimetière, au-delà de l'Elbe, l'autre en Auvergne, dans l'admirable église de la Chaise-Dieu. Cette dernière est une fresque que l'humidité ronge chaque jour. Dans ces deux danses la mort est en tête d'un chœur d'hommes d'âges et d'états divers. Il y a le roi, le mendiant, le vieillard et le jeune homme; la mort les entraîne tous après elle... La danse d'Holbein n'est pas, comme celle de Dresde et de la Chaise-Dieu, une chaîne continue de danseurs menés par la mort ; chaque danseur a sa mort costumée d'une façon différente, selon l'état du mourant... Holbein avait ajouté à l'idée populaire de la danse des morts. Le peintre inconnu du pont de Lucerne a ajouté aussi à la danse d'Holbein. Ce ne sont pas des peintures de prix que les peintures de Lucerne ; mais elles ont un mérite d'invention fort remarquable. Le peintre a représenté dans les triangles que forment les poutres qui soutiennent le toit du pont, les scènes ordinaires de la vie, et comment la mort les interrompt brusquement... Au pont de Lucerne, la mort rit avec nous. Faisons-nous une partie de campagne? elle s'habille en cocher, et fait claquer son fouet. Les enfans rient et pétillent : la mère seule se plaint que la voiture va trop vite. Que voulez-vous? c'est la mort qui conduit : elle a hâte d'arriver. Allez-vous au bal ? voici la mort qui entre en coiffeur, le peigne à la main... Le pont de Lucerne nous montre la mort à nos côtés et partout : à table, où elle a la serviette autour du cou, le verre à la main et porte des santés...; dans la boutique, où, en garçon marchand, assise sur des ballots d'étoffe, elle a l'air engageant et appelle les pratiques ; au barreau, où, vêtue en avocat, elle prend des conclusions, « le seul avocat, dit la légende en mauvais vers allemands placé au bas de chaque tableau, qui aille vite et qui gagne toutes ses causes. »

« Avec ces peintures le moyen âge ridiculisait l'humanité tout entière ; il raillait sa faiblesse, son insouciance, sa vanité. Aujourd'hui nos caricatures frappent sur les individus au lieu de frapper sur l'homme. Elles apprennent à l'un qu'il est trop maigre, à celui-ci qu'il est trop gros, à l'autre qu'il est trop petit. Ce ne sont guères là de grandes découvertes de satire; mais, lieux communs pour lieux communs, je ne sais si je ne préfère point ceux du moyen âge ; ils indiquent tout au moins une époque plus sérieuse et plus grave, un génie qui voit de plus haut les choses et les hommes, et une imagination qui garde un profond sentiment de peine dans ses gaîtés mêmes et dans ses caprices. »

(3) Ce qui a donné lieu à cette erreur, c'est que dans ce cimetière il y a le tombeau d'un chanoine. Au-dessus, ce vénérable personnage est représenté dans son appartement, la tête appuyée sur une main que soutient le coude et lisant. La mort entr'ouvre la porte ; elle tient un violon à la main et prélude au fatal appel. Le chanoine étonné lève les yeux, regarde la funèbre divinité, et, rassuré par sa conscience, il se dispose tranquillement à suivre son guide fatal.

(4) Le cloître où elle se trouvait fut détruit en 1817. M. Maurice Rivoire (description de la cathédrale d'Amiens) a cité quelques uns des vers qui accompagnaient la peinture.

(5) Voy. son intéressant ouvrage intitulé : *The dance of Death*, etc. London, William Pickering, 1833, in-8o.

église de Saint-Paul, autour d'une galerie, et qu'on appelait indifféremment *danse de Ma-chabray* ou *danse de Saint-Paul* (1). On commença à la détruire avec la galerie elle-même le 10 avril 1549.

On croit qu'il exista aussi une danse macabre dans la cathédrale de Salisbury. « On vit du moins longtemps, dit M. Francis Douce, dans la chapelle Hungerford de cette église, une figure (la seule qui restât) qu'on appelait *la mort et le jeune homme.* En 1748 on publia un dessin de cette danse. La destruction de ce monument est d'autant plus regrettable qu'il remontait à 1460, et que les vêtements du temps y étaient fidèlement représentés.

« Dans la chapelle à Wortley-Hall, dans le comté de Glocester, il y avait, écrite et très-probablement peinte, *une danse des morts de tous états et conditions.* Les inscriptions étaient les mêmes que celles de Lydgate. (Voy. note 1 de la présente page.) D'après une note manuscrite de John Stowe dans sa copie de l'itinéraire de Leland, il paraît qu'il y avait aussi une danse des morts dans l'église de Stratford-sur-Avon.

« Dans la partie supérieure du parvis qui est à l'entrée du chœur de l'église de Hexham, dans le Northumberland, il y a des restes peints d'une danse des morts. Ils consistent dans les figures d'un pape, d'un cardinal et d'un roi.

« Enfin, à Croydon, sur les murs de la grande salle du palais archi-épiscopal, il exis-tait, il n'y a pas encore très-longtemps, des vestiges d'une danse macabre, mais pres-qu'entièrement effacés. Il n'y eut pas jusqu'aux tapisseries qui ne reproduisissent ce lugubre spectacle. La tour de Londres en contenait une de ce genre. »

L'Allemagne, outre les danses que nous avons déjà citées, en offre encore un grand nombre. Ainsi, M. Douce croit qu'il y en avait une jadis à Nuremberg, une autre à Berlin, une troisième à Vienne, dans le monastère des Augustins. Un groupe de cette danse des morts, selon lui, ou plutôt selon Bruckmann (*Epistolæ itinerariæ*, vol. V, épit. 32), représentait la mort entrant par une fenêtre avec une échelle. Il parle également d'une autre chapelle du même monastère où l'on voyait la mort emportant un écolier, Arlequin faisant des grimaces à l'inévitable déesse, enfin celle-ci brisant toutes les fioles d'un apothicaire, etc. Ici, du moins, l'intention comique était évidente.

Nous avons parlé plus haut de l'Espagne, et nous avons dit qu'il n'y existait aucune danse Macabre. Il en est de même pour l'Italie (2).

La Hollande n'offre qu'un seul exemple de danses des morts. Cette peinture se trouve dans un château, appartenant au prince d'Orange, près de la Hague. La mort y est représentée armée de flèches dont elle perce l'humanité.

Mais la France eut encore plusieurs danses macabres autres que celles que nous avons

(1) « Une semblable danse, dit M. Francis Douce, était peinte autour de l'enceinte des SS. Innocents à Paris. Les vers qui l'accompagnaient furent traduits du français en anglais par John Lydgate, moine de Bury, sous le règne de Henri VI. Les vers de Lydgate furent d'abord imprimés à la fin de l'édition de Tottell dans sa traduction de la mort des princes de Boccace (1554, in-fol.), et ensuite dans l'histoire de la cathédrale de Saint-Paul de sir Dugdale. »

(2) M. Douce nous apprend, d'après Blainville, que l'église de Saint-Pierre le martyr, à Naples, contient une singulière représentation de la mort, sculptée sur un marbre. La mort a deux couronnes sur la tête et un faucon sur le poing. Elle paraît prête à partir pour la chasse. Sous ses pieds sont abattus un grand nombre de personnages des deux sexes et de tout âge, auxquels elle adresse la parole. Vis-à-vis la figure de la mort est celle d'un homme vêtu en artisan ou en marchand, qui jette un sac de monnaie sur une table en disant :

Tutti ti volio dare
Se mi lasci scampare, etc.

mentionnées. Ainsi l'église de Fécamp en offrait une sculptée sur un pilier, et l'on croit que jadis il y en avait une aussi au château de Blois. Depuis quelques années, si nous ne nous trompons, on en a découvert une à Angers, sous une couche de badigeon. Nous ne doutons pas qu'il en ait existé et qu'il en existe encore quelques autres qu'on retrouvera plus tard. Ce sujet avait fini, en effet, par être si populaire que les représentations en furent multipliées à l'excès.

Quoi qu'il en soit, nous avons à parler ici exclusivement de la danse qui se trouve dans l'église de la Chaise-Dieu, en Auvergne, et que personne n'avait encore nommée. Nous nous trompons : il en existe une mention antérieure à la nôtre dans le tome V de la magnifique collection publiée par M. le baron Taylor et intitulée : *Voyages pittoresques dans l'ancienne France*. M. Taylor a même reproduit, dans une des planches de son livre, quelques-uns des principaux personnages de cette danse, afin de donner à ses lecteurs une idée du monument original. Voici les paroles dont il a accompagné ce dessin : « Un objet non moins curieux et assez rare maintenant, ce sont les peintures que renferme le chœur de l'église de la Chaise-Dieu, et qui représentent la danse macabre. C'est la première fois que nous avons trouvé à copier ce poëme bizarre, qui était devenu, du quatorzième au seizième siècle, une espèce de sujet de mode qui jouit d'une grande célébrité dans le nord de l'Europe. On ignore pourquoi cette danse s'appelle *Macabre*. La pensée du premier qui traita ce sujet fut profonde; celle du dernier fut peut-être une cruelle moquerie.

« On ne trouve plus ce sujet, en France, que dans les bibliothèques des amateurs de vieux livres, où les caprices du sublime bouffon se reproduisent dans une série innombrable de précieux bouquins, depuis 1495 jusqu'à 1790, en passant par Debry, Callot et Mérian, pour arriver jusqu'à Hollar. Il a été détruit dans presque tous les monuments. Les peintures de la Chaise-Dieu en offrent peut-être le dernier exemple, et probablement il ne tardera pas à s'en effacer. La moitié de la tâche est déjà remplie : à la droite extérieure du chœur, une couche de badigeon a fait disparaître les costumes pittoresques du quinzième siècle, et de ce curieux vestige des temps passés, comme de beaucoup d'autres, il ne restera bientôt plus que nos faibles dessins. »

M. le baron Taylor avait raison : encore quelques années, et cette fresque fantastique, qui s'écaille chaque jour sous le doigt des siècles, aura disparu. Nous pouvons donc nous féliciter à bon droit de ce que des circonstances particulières nous ont permis d'en faire exécuter un dessin complet; car à présent la vieille peinture du quinzième siècle, qui rappelait sans cesse aux moines de la Chaise-Dieu qu'ils n'étaient que poussière et que cendre, ne périra pas : elle revit toute entière dans notre gravure. (1)

Voici ce qui nous amena à la donner au public.

Ce fut en faisant dessiner pour notre grand ouvrage (les *Anciennes Tapisseries historiées*) (2) les magnifiques et belles tentures données à l'abbaye de la Chaise-Dieu, en 1518, par Jacques de Saint-Nectaire ou Sennectère, trente-sixième et dernier abbé régulier,

(1) Il ne faut pas confondre cette gravure avec celle des trois personnages qui sont en tête de la présente Explication. La première forme un rouleau collé sur toile d'environ 10 pieds de longueur, accompagné d'un *fac simile* de la peinture originale. Les seconds ont été placés avant ce texte pour indiquer uniquement ce que c'est que notre grande gravure.

(2) 2 vol. in-fol. avec texte illustré et 125 planches, à Paris, chez Challamel et Cie, rue de l'abbaye, n. 4. Les tapisseries de la Chaise-Dieu forment à elles seules 52 planches. On peut se les procurer à part, ainsi que tous les autres monuments du livre.

que l'idée nous vint de faire copier par notre habile collaborateur , M. de Planhol , afin de sauver de la destruction un monument de plus, la danse des morts qui nous occupe. La chose n'était pas facile : placée dans le bas côté nord de la Basilique, sur le mur qui sert de clôture au chœur, c'est-à-dire dans un endroit humide et obscur, cette peinture était à peine visible (1). La plupart de ses contours semblaient effacés ; et, en voulant les faire revivre pour un instant, on pouvait craindre de les voir complétement disparaître. C'est ce qui obligea M. de Planhol à prendre, en enlevant du mur la poussière qui le couvrait, des soins minutieux qu'il serait inutile de décrire ici, mais grâce auxquels, au lieu d'une vingtaine de personnages qu'on apercevait antérieurement, nous avons pu en retrouver plus de soixante (2).

La danse des morts de la Chaise-Dieu est peinte, à sept pieds du sol, sur une longueur totale de vingt-six mètres environ, y compris le développement des piliers qui coupent par intervalle la surface plane du mur sur lequel elle est tracée. Les personnages ont plus de trois pieds de hauteur, et il n'y a de légendes au-dessous ni au-dessus d'aucune figure.

Cette danse a été dessinée sur une couche de plâtre, à l'exception des personnages qui se trouvent sur les piliers et qui y sont peints sur la pierre brute ; ce sont les plus détériorés. Les figures sont ébauchées au pinceau, à grands traits qui se croisent souvent avec hardiesse. Il n'y a nulle part plus d'ombre qu'on n'en voit dans notre gravure. Quant aux couleurs, elles sont très simples ; le fonds en est uni et d'un rouge-jaune. Le personnage de la mort est partout d'un gris sale, ainsi que les draperies qui le couvrent. Les figures disloquées et incomplètes dans le dessin que nous donnons sont celles qui se trouvent sur les piliers, et l'encadrement resté vide qu'on voit en un endroit de la danse est occupé par l'escalier de la chaire. Il est probable que cet escalier couvre encore son personnage ; il n'y a pas plus de quarante ans, du moins, qu'on l'y voyait, car la chaire n'était pas alors construite.

La danse des morts de la Chaise-Dieu ne contenant aucune date et n'offrant aucune inscription, nous sommes obligés, pour fixer l'époque de sa confection, de nous en rapporter aux costumes. Or, dès le premier coup d'œil jeté sur ce monument, il est facile de voir

(1) Pour bien faire comprendre la place qu'occupe cette danse des morts, il faut dire que le chœur de l'église de la Chaise-Dieu, l'un des plus vastes et des plus beaux de France, est entouré de stalles admirables. Afin de les soutenir on a construit derrière elles, entre les piliers, un mur qui s'élève à douze pieds environ du sol. C'est sur ce mur, du côté opposé aux stalles et qui regarde par conséquent la nef latérale, qu'est peinte notre danse macabre. Les piliers viennent la couper, mais ne l'interrompent pas. Elle se déroule sur eux-mêmes.

(2) Voici sur l'abbaye de la Chaise-Dieu quelques détails qui ne sont pas ici hors de propos, et qui peuvent intéresser nos lecteurs. Nous les tirons de notre ouvrage sur les *anciennes tapisseries historiées*. L'abbaye de la Chaise-Dieu *(Casa Dei)* fut fondée en 1046 par Robert , qu'Alexandre II canonisa plus tard, en 1070, et elle finit par devenir presque héréditaire dans la famille des Rohan. Ce fut entre ses murailles que mourut le célèbre janséniste Soannen, qui s'appelait lui-même le *prisonnier de Jésus-Christ*, et ce fut là aussi qu'après l'affaire du collier de la reine, le prince de Rohan Guemenée fut exilé de la cour. Jetée sur le penchant d'une montagne , l'église de la Chaise-Dieu s'ouvre par deux superbes perrons ayant ensemble trente-huit marches, et dont l'effet est majestueux. (Voy. la gravure, à la fin de notre texte). Une des tours de l'église, dont le rez-de-chaussée sert de sacristie, et qui porte le nom de Clément VI, servit d'abri en 1581 aux moines et aux habitans contre la fureur de Blacon, lieutenant du baron des Adrets, qui mit le couvent à feu et à sang. Les stalles du chœur, au nombre de 72, sont magnifiques ; elles ont malheureusement été mutilées pendant la révolution, ainsi que les statues, les bas-reliefs, le cloître et les flèches de l'église. Au milieu du chœur se trouve le mausolée de Clément VI, en marbre noir ; et au-dessus de la boiserie des stalles on voit appendues douze des quatorze tapisseries que nous avons reproduites. Ces belles tentures, composées de laine, de soie, de fils d'or et d'argent, sont, à ce que nous croyons, sorties des fabriques de Venise ou de Florence, et leur exécution est d'une très grande finesse. Il est à regretter que, selon le vœu de M. Maurice de Bonald, aujourd'hui archevêque de Lyon, et ancien évêque du Puy, l'église de la Chaise-Dieu n'ait pas été déclarée monument national, et, à ce titre, comprise dans les édifices à réparer et à entretenir.

qu'il remonte environ à la moitié ou tout au moins aux dernières années du XVe siècle. En effet, le chevalier, qui a une épée à ses pieds, porte à la fois le gorgerin et quelques pièces de fer plaquées aux genoux et aux bras; mais il n'a pas l'armure complète. Or ce vêtement est celui qu'on rencontre immédiatement avant le XVIe siècle, époque durant laquelle les perfectionnements ajoutés aux armes à feu forcèrent promptement les gens de guerre à se couvrir de fer. Il est vrai qu'on peut objecter que le personnage dont nous parlons est en habit de cour plutôt que de combat, puisqu'il porte une toque garnie d'une aigrette au lieu d'un heaume d'acier; mais on devra remarquer qu'il est, ainsi que tous les autres personnages, y compris la mort, chaussé de souliers à la poulaine, qu'on ne rencontre plus sous François Ier. Quelques autres circonstances d'ailleurs viennent encore confirmer notre hypothèse. Qu'on regarde, par exemple, le jeune homme plein d'élégance qui tient des fleurs à la main, et dont le chapeau en est également couronné. Ces longues manches qui tombent jusqu'à terre en formant des plis gracieux n'ont jamais paru au XVIe siècle, tandis qu'on les trouve fréquemment au XVe. La fresque de la Chaise-Dieu n'est donc pas, selon nous, de la même époque que les tapisseries qui ornent le chœur de cette église. Elle nous semble plus ancienne. Quant à l'abbé ou au donateur laïque auquel on doit cette danse des morts, les chroniqueurs locaux n'en parlent pas; ils gardent aussi le silence sur le monument lui-même; de sorte que ce n'est que de nos jours, pour ainsi dire, qu'il paraît avoir été aperçu. (1)

Nous n'entrerons pas dans plus de détails relativement à la danse des morts de la Chaise-Dieu. La meilleure description de toutes en existe dans notre dessin, qui a été rendu par la gravure sur pierre aussi fidèlement qu'il reproduisait lui-même l'original. Nous dirons seulement que cette danse, comme toutes les autres, représente invariablement la mort conduisant par la main le pape coiffé de sa triple couronne et tenant la clef de saint Pierre, l'empereur chargé du globe impérial, le cardinal, le comte, le chevalier, le page, le bourgeois, le musicien, etc. On remarquera les différentes et bouffonnes postures de la mort. Il est vraiment difficile de concevoir comment, avec un sujet toujours et aussi tristement le même (un squelette), les Apelles inconnus du moyen âge ont pu retracer le rire, l'étonnement, la moquerie, la colère, etc. C'est pourtant ce qui a eu lieu dans leurs danses macabres, et spécialement dans la nôtre.

Le monument de la Chaise-Dieu n'est pas seulement une *danse des morts des hommes,* comme on disait: c'est encore une *danse des morts des femmes.* On voit du moins, parmi les personnages qui le composent, la nonne et la bourgeoise, tandis que dans quelques monuments, par exemple dans le beau manuscrit de la Bibliothèque royale, n° 7310, les hommes sont séparés des personnages de l'autre sexe.

Une particularité distingue encore notre danse : elle consiste dans les personnages d'Adam et d'Ève placés en tête de la ronde, et entre lesquels on aperçoit le serpent.

Nous avons déjà remarqué ailleurs, (*explication des tapisseries de la Chaise-Dieu*) que les artistes du moyen âge ont été fort ingénieux dans leur manière de représenter le serpent. Ici, pour rappeler que c'est à lui que nos premiers parents doivent d'avoir perdu l'éternité, ils lui ont donné une tête de mort : dans les tapisseries de Jacques de Sennectère,

(1) Une singularité de cette danse que m'a fait remarquer M. Charles Magnin, c'est que la mort s'y montre partout, non pas à l'état de squelette, comme dans les danses du moyen âge, mais revêtue de chair, ainsi que dans les monuments de l'antiquité. Malgré cette anomalie, il est impossible, en présence des costumes de la danse des morts de la Chaise-Dieu, d'assigner à cette fresque une date plus reculée que celle que nous lui avons attribuée.

pour bien indiquer comment le serpent fit pécher Adam, ils l'ont généreusement doté d'une tête de femme.

Le personnage du docteur qu'on voit gravement assis dans sa chaire après Adam et Ève est le moraliste de la pièce. C'est lui qui est chargé de faire en quelques mots l'oraison funèbre de chacun des personnages de la danse qui semblent tous défiler devant lui. Les moralités de la danse macabre étaient ordinairement en vers, et presque toujours on les traçait au-dessous ou au-dessus des personnages. Elles manquent, comme nous l'avons dit, dans notre monument. Mais pour en donner un exemple, voici quelques passages du livre intitulé : *Le il faut mourir, et les excuses inutiles que l'on apporte à cette nécessité, le tout en vers burlesques,* par maître Jacques, chanoine créé de l'église métropolitaine d'Embrun. C'est la mort qui remplit le rôle de docteur. Voici comment elle s'exprime :

> Que ces disputes sont frivoles
> Qu'on agite dans les écoles,
> Pour sçavoir quel est le plus fort,
> Du vin, de l'amour ou la mort!
> Je croy qu'il faut faire littière
> Du débat de cette matière;
> C'est un conte à dormir debout.....
>
> Je parcours toute la Syrie,
> Je vay traverser l'Arabie,
> Et là je frappe quand je veux
> Ces nègres qu'on appelle heureux.
> De là passant dedans la Perse,
> D'un coup de javelot je perce
> Ce grand saphi remply d'orgueil,
> Et luy fait voir dans le cercueil
> Que ma puissance est sans seconde.....
>
> Je fais voir mes forces égales
> Dans les Indes Orientalles;
> Je traite le roi de Pégu
> Ne plus ne moins qu'un gueu tout nû....
> Pour le grand duc de Moscovie,
> Je le réduits au petit point,
> Quand du moule de son pourpoint,
> J'en fais un horrible squelette, etc.

Cette énumération dure encore longtemps. Enfin la mort s'adressant au pape, lui dit :

> A vous, teste à triple couronne,
> C'est à vous, dis-je, que j'ordonne
> Que sans aucun retardement,
> Vous vous rendiez présentement
> Devant le Dieu qui seul dispose
> Sans compagnon de toute chose.

Le pape répond. Puis la mort s'adresse à une demoiselle, à un forçat, etc. Le tout est divisé en deux parties, et contient plusieurs mille vers.

D'ordinaire, dans les danses macabres imprimées, soit françaises soit allemandes, ces légendes sont, comme on le pense bien, infiniment plus courtes. Elles consistent seulement pour chaque personnage en six ou huit vers. Voici quelques-unes de celles du manuscrit du roi, n. 7310, anciennement au fonds Colbert sous le n° 1849. Cet admirable manuscrit du xvᵉ siècle, a appartenu à la famille de Rochefort Bruille. Il offre autant de miniatures que de pages, et chaque page est encadrée avec un goût exquis. Il contient *la danse des hommes* en trente-quatre personnages, et la *danse des femmes* en quarante-deux. Les deux danses sont liées entre elles par le fabliau des *trois morts et des trois vifs*, que retracent trois miniatures, suivies d'une quatrième représentant la mort à cheval, portant une bière sous son bras gauche, et faisant sortir de terre, pour les envoyer au jugement dernier, le pape, l'empereur, le cardinal et un autre personnage dont rien ne désigne la qualité.

En tête de la danse, nous voyons d'abord le docteur assis et ayant devant lui un pupitre chargé d'un livre. Il dit :

> O créature raisonnable,
> Qui désire vivre éternelle,
> Tu as cy doctrine notable
> Pour bien finer vie mortelle.
> La dance Macabre s'appelle
> Que chascun à dancer aprent.
> A homme et femme est naturelle :
> Mort n'espargne petit ni grant.
>
> En ce miroer chascun peut lire,
> Qui le convient ainsi dancer.
> Saige est celluy qui bien s'y mire :
> Le mort le vif fait avancer.
> Tu vois les plus grans commancer,
> Car il n'est nul que mort ne fière.
> C'est piteuse chose y penser :
> Tout est forgé d'une matière.

Vient ensuite la mort, portant une bière sur son épaule, et entraînant le pape par la main. Elle lui dit :

> Vous qui vivez, certainement
> Que qu'il tarde ainsi danserés ;
> Mais quant, Dieu le scet seulement;
> Avisés comme vous serés;
> Dam pape, vous commencerés;
> Comme le plus digne seigneur,
> En ce point honnoré serés ;
> Au grant maistre est déu l'honneur.

Le pape répond :

> Me faut-il que la dance mene
> Le premier qui suis Dieu en terre!
> J'ay eu dignité souverainne
> En l'église comme Saint-Pierre,
> Et comme aultre mort me vient querre,
> Encor poinct mourir ne cuidasse;
> Mais la mort à tous maine guerre :
> Peu vault honneur qui si tôt passe.

Suivent l'empereur, tenant d'une main l'épée impériale et de l'autre le globe, le cardinal en grand costume, le roi couronne en tête et sceptre en main, le patriarche, etc. La mort conduit ces personnages ; elle leur fait à chacun une moralité de huit vers, et chacun d'eux lui répond de la même façon.

La danse des femmes commence par deux miniatures représentant, la première, deux morts dont l'une joue de la flûte et l'autre du rebec ; la seconde, deux autres morts dont l'une joue de la vielle et l'autre frappe du tambourin. Ces morts appellent à leur bal toute la gent féminine. On voit ensuite l'acteur, puis la reine que la mort entraîne par la main ; la duchesse qu'elle tire par le bas de sa robe ; la régente qu'elle conduit par le cordon de sa ceinture, etc. Le tout se termine par ces paroles de l'acteur :

> Vous seigneurs et vous aussi dames,
> Qui contemplés ceste paincture,
> Plaise vous prier pour les âmes
> De ceulx qui sont en sépulture.
> De mort n'eschappe créature :
> Allez, venez, après mourrez.
> Ceste vie qu'un bien peu ne dure ;
> Faictes bien, vous le trouverez.
>
> Jadis furent comme vous estes
> Qui ainsi dancent en façon telle,
> Allans, venans comme vous faictes ;
> De gens mors il n'est plus nouvelle,
> Ne il n'en chault d'une senelle
> Aux hoirs ne amis des trépassés,
> Mais qu'ilz ayent argent et vaisselle :
> Ayez d'eulx pitié ; c'est assez.

La Bibliothèque royale contient encore plusieurs autres manuscrits qui reproduisent des textes de *la danse des morts ;* mais aucun n'a de miniatures. Tel est le manuscrit coté *supplément* 632 , et où le docteur est appelé *Machabre ;* le manuscrit 543 du fonds Saint-Victor, où le docteur est nommé *un maistre qui est au bout de la dance ;* enfin le manuscrit 7398, anciennement 394 du fonds de Bouhier, où l'on trouve à la fin un fragment intitulé : *Cy après s'ensuit la danse macabre aux hommes.* Ce texte est le même que celui du manuscrit 7310.

Nous aurions beaucoup à dire maintenant, sous le rapport bibliographique, relativement aux danses des morts imprimées ; mais ce ne serait peut-être pas ici le lieu, notre intention ayant été seulement, dans cette esquisse rapide, de faire connaître la fresque de l'église de la Chaise-Dieu, d'indiquer les danses macabres existantes ou qui ont existé jadis, enfin de résumer les principales opinions énoncées jusqu'ici au sujet de l'origine de ces monumens, opinions dont nous ne sommes pas satisfaits complètement, sans pouvoir toutefois les remplacer par une nouvelle.

Nous terminerons en disant que les éditions imprimées de la danse macabre plus anciennes que celles qui ont été faites de la danse de Bâle et des dessins de Holbein, sont fort nombreuses. La première est celle de 1485, si bien décrite par M. Champollion, et dont le format est in-folio gothique ; la seconde celle de 1486 suivie du *fabliau des trois morts et des trois vifs* , in-folio gothique ; la troisième est la danse macabre des femmes , également de 1486, in-folio gothique, Paris, chez Guyot Marchant, suivie *du débat de l'âme et du corps ;* la quatrième est celle qui est intitulée : *Chorea ab eximio Macabro versibus Alemanicis edita, et a Petro Desrey emendata,* Paris 1490, in-folio gothique, etc. On peut du reste consulter à ce sujet pour plus de détails le livre de M. Peignot, l'ouvrage anglais de M. Douce, et la Bibliographie de la France. Nous espérons surtout que le travail encore inédit de feu Langlois, continué par le savant bibliothécaire de la ville de Rouen, M. Potier, jettera d'importantes lumières sur la question des danses des morts que nous n'avons fait qu'effleurer.

La Danse des Morts
MODÈLE DE LA PEINTURE
Échelle du Dessin
ÉGLISE DE LA CHAISE DIEU (Auvergne)

www.ingramcontent.com/pod-product-compliance
Lightning Source LLC
LaVergne TN
LVHW012112170726
843501LV00008BC/2834